Ferien auf dem Bauernhof

Ferien auf dem Bauernhof

Illustrationen von
Sonja Stein-Schomburg

XENOS

ISBN 3-8212-1484-8

Am Hehsel 40, 22339 Hamburg
Konzept und Text: Olaf Hille Verlag
Printed in Italy

Inhalt

Das ist unsere Familie. Benjamin, mein kleiner Bruder, ist erst fünf Jahre alt und geht noch in den Kindergarten. Nächstes Jahr kommt er in die Schule.

Das ist Papa. Papa arbeitet mit Computern. Bei uns zuhause steht auch ein Computer, und Benjamin spielt manchmal Spiele darauf. Mutti sieht das gar nicht so gerne.

Was Papa genau macht, weiß ich auch nicht, aber er hat immer viel zu tun und kommt oft erst spät nach Haus.

Doch am Wochenende hat er viel Zeit für uns. Am Samstag gehen wir alle zusammen auf den Markt und kaufen für das Wochenende ein.

Das ist Mutti. Früher hat sie auch mit Computern zu tun gehabt. Dabei hat sie Papa kennengelernt. Aber seitdem Benjamin und ich auf der Welt sind, ist sie die meiste Zeit mit uns zuhause. Wenn Benjamin ein bißchen älter geworden ist, sagt sie, möchte sie gerne wieder in ihrem Beruf arbeiten.

Den frechen kleinen Hund haben wir aus dem Tierheim. Eigentlich wollten wir ja einen Schäferhund haben. Deshalb hatten wir uns vorher auch den Namen Hektor ausgesucht. Als es dann ein Rauhhaardackel geworden ist, haben wir ihn trotzdem so genannt.

Und das bin ich – ich heiße Anna. Ich bin acht Jahre alt und gehe schon lange zur Schule. Die meiste Zeit verbringe ich mit meinen Freundinnen. Wir interessieren uns alle für Tiere, und ich wollte schon immer ein Pferd haben.

Leider wohnen wir aber in der Stadt. Wir würden gerne aufs Land ziehen, aber das geht nicht, weil Papa mitten in der Stadt arbeitet. Und dann wäre sein Weg viel zu weit. Wir wohnen in einem großen Haus im dritten Stock, und da kann man natürlich kein Pferd unterbringen.

Würstchen
5.-
2.50
1.-
FRISCHER FISCH HIER
Frisch vom Bäcker !

Heute ist Markttag. Mutti achtet besonders darauf, daß wir uns gesund ernähren. Deshalb kauft sie immer bei ganz bestimmten Ständen ein. Sie kennt die Leute und weiß, woher das Gemüse, die Eier, die Wurst, das Brot und all die anderen Sachen kommen.

Bestimmt liegt das daran, daß Mutti nicht aus der Stadt kommt, sondern in einem Dorf aufgewachsen ist. Sie erzählt uns oft, wie das war, und manchmal sind wir am Wochenende auch schon aufs Land gefahren. Wenn wir mehr kennenlernen wollten, müßten wir einmal Ferien auf einem richtigen Bauernhof machen, wo es noch so ist wie früher. Bisher haben wir aber noch nie einen gefunden.

Aber heute haben wir Glück. Auf dem Eierstand liegt ein Stapel mit Zetteln. Darauf werden Ferien auf dem Bauernhof angeboten. Mutti nimmt einen davon mit, und schnell ist der Entschluß gefaßt: Ostern wollen wir ein paar Ferientage auf dem Hof verbringen.

Und was wir dort alles erleben, das werde ich auf den nächsten Seiten erzählen.

Frühling
auf dem Bauernhof

Endlich ist es soweit! Mutti und Papa und ich sitzen schon im Auto und warten ungeduldig.

Aber Benjamin will nicht ohne seinen Lieblings-Teddy fahren, den er oben in unserer Wohnung vergessen hat. Doch schließlich kommt er außer Atem angerannt, und dann kann es endlich losgehen.

Doch zuerst müssen wir aus der Stadt heraus.

Und das ist gar nicht so einfach…

Irgendwie haben wir es dann doch geschafft, aus dem Stau herauszukommen. Wir fahren auf einer kleinen Straße, auf der uns kaum ein Auto entgegenkommt.

„Jetzt sind wir gleich da“, sagt Papa und tritt plötzlich auf die Bremse.

„Das ist zur Abwechslung ja mal ein netter Stau“, sagt Mutti.

Ein Schäfer mit seiner Herde überquert gerade die Straße – und wir stehen mittendrin.

„Guck mal, die Lämmchen“, ruft Benjamin begeistert.

„Sind die süß! Dürfen wir sie streicheln?“ frage ich.

„Das müßt ihr den Schäfer schon selbst fragen“, antwortet Mutti.

Das lassen wir uns nicht zweimal sagen. Und schon sind wir draußen.

„Du fragst“, sagt Benjamin zu mir. Zwischen all den Schafen ist er plötzlich nicht mehr ganz so mutig.

Der Schäfer, der am Straßenrand steht und auf die Herde aufpaßt, scheint unsere Gedanken lesen zu können. Denn bevor ich fragen kann, sagt er schon: „Da habt ihr aber Glück gehabt. Jetzt ist gerade die Zeit, wo die Osterlämmer zur Welt kommen."

Vorsichtig nimmt er ein kleines weißes Lamm und legt es in meine Arme.

„Ist den Schafen nicht zu warm in ihrem dicken Pelz?“ fragt Benjamin, der gerade seinen Pullover ausgezogen hat.

„Manchmal schon“, erwidert der Schäfer. „Aber im Frühling gibt es noch viele kalte Tage und Nächte. Dann brauchen sie ihren Winterpelz noch. Im Frühsommer, wenn es wärmer wird, dann werden sie geschoren.“

Dann erzählt uns der Schäfer, was alles gemacht werden muß, bis aus der Rohwolle, wie man die frischgeschorene Wolle nennt, ein warmer Winterpullover geworden ist.

Zuerst muß die Wolle gewaschen werden. Weil sie sehr staubig und verschmutzt ist, reicht einmal Waschen nicht. Zum Waschen nimmt man kein normales Waschmittel, sondern man benutzt Kernseife.

Nach dem Trocknen wird die Wolle gekämmt. Dazu braucht man einen besonderen Kamm. Ihr habt bestimmt schon mal ganz zerzauste Haare gehabt. Stellt euch vor, daß die Schafe noch nie gekämmt worden sind und total verfilztes Haar haben. Da könnt ihr euch denken, wie lange es dauert, bis die Wolle schön glattgekämmt ist.

Dieses besondere Gerät zum Kämmen der Wolle besteht aus zwei Holzplatten, aus denen viele kleine Metallspitzen herausragen.

Auf den einen „Kamm“ legt man die Wolle, und dann bewegt man die beiden „Kämme“ gegeneinander. Dadurch wird die Wolle schön glatt.

Wenn die Wolle gekämmt ist, wird sie weiterverarbeitet.

Zuerst wird sie gefärbt. Wenn man dafür zum Beispiel ausgekochte Zwiebelschalen verwendet, ergibt das ein schönes Gelb. Viele andere Farben kann man im Laden kaufen. Die natürliche Farbe der ungefärbten Wolle sieht aus wie die Farbe von weißen Eierschalen.

Die Wolle von dunklen Schafen ist braungrau. Diese Wolle kann man nur noch schwarz färben.

Jetzt wird die Wolle zu Garn versponnen. Dazu braucht man ein Spinnrad. Man kann aber auch eine Spindel benutzen wie Dornröschen in dem Märchen.

Man kann das Garn ganz dick oder ganz fein spinnen. Wenn es fertiggesponnen ist, wird das Garn sofort zu einem Knäuel aufgewickelt.

Dickes Garn braucht man, um daraus warme Sachen, wie z.B. Pullover, Schals, Strümpfe, Mützen oder Handschuhe, zu stricken.

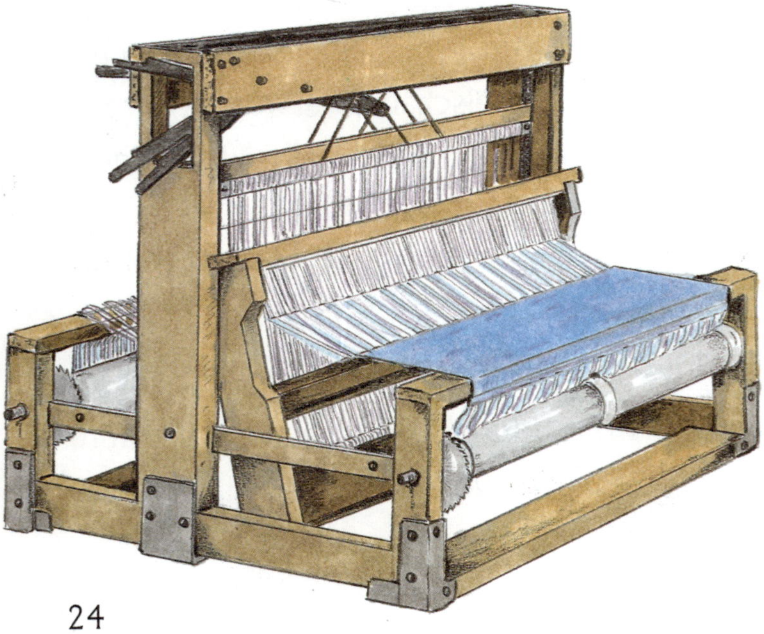

Dünnes Garn eignet sich zum Stopfen oder zum Nähen.

Man kann aus dem fertigen Garn aber auch Stoffe (z.B. für Anzüge), Wolldecken oder Teppiche weben.

Dazu benutzt die Bäuerin einen Webstuhl, den sie von ihrer Oma geerbt hat.

Inzwischen ist die ganze Schafherde auf der anderen Straßenseite angekommen. Mutti und Papa sind schon etwas ungeduldig, genau wie unser Rauhhaardackel Hektor, der im Auto warten mußte. Also verabschieden wir uns von dem Schäfer und seinen Hunden und steigen wieder in unser Auto. Und diesmal gibt es keine Hindernisse, so daß wir bald an unserem Ziel ankommen.

Der Bauer harkt gerade den Hof, und die Bäuerin arbeitet im Garten beschäftigt. Sie begrüßen uns freundlich. Die Bäuerin bittet uns ins Haus. Aber Benjamin und ich wollen uns lieber ein wenig draußen umsehen. Auch Hektor ist schon ganz unruhig.

Vergnügt springt er im Hof herum und beschnuppert neugierig die ungewohnte Umgebung.

Das Bauernhaus sieht ganz anders aus als die Häuser bei uns in der Stadt. Es hat kein Ziegeldach, sondern ist mit dicken Reetbündeln gedeckt. Reet ist ein hochwachsendes Gras, das am Ufer von Seen wächst. Die beste Erntezeit ist der Winter. Die Reetpflanzen, die aus dem zugefrorenen See hervorgucken, werden dann einfach abgeschnitten.

Vor dem Haus hat die Bauersfamilie ihren Garten. Dort stehen verschiedene Obstbäume und Beerensträucher. Dazwischen wachsen viele bunte Blumen. Außerdem gibt es Gemüsebeete und einen Kräutergarten.

Plötzlich höre ich lautes Schnattern und einen erschrockenen Schrei. Das ist Benjamin. Er hat die Gänse entdeckt, die auf dem Hof herumwatscheln. Mit ihren hochgereckten Köpfen rennen sie zischend auf ihn zu. Er kann ja nicht wissen, daß Gänse noch bessere „Wachhunde" sind als richtige Hunde. Mit ihrem lauten Geschrei warnen sie vor jeder Gefahr. Schnell läuft Benjamin weg.

Auch Hektor ist inzwischen auf Entdeckungsreise gegangen. Er hat auf seiner Schnüffeltour den großen Hofhund getroffen, mit dem er schnell Freundschaft geschlossen hat.

Benjamin erholt sich bald wieder von seinem Erlebnis mit den Gänsen.

„Anna, da guckt jemand aus dem Fenster", ruft er mir zu.

Ich drehe mich um und sehe ein kleines Häuschen, aus dem uns ein Pferdekopf neugierig anschaut. Das Pferd wiehert uns freundlich zu, und als wir näher herankommen, sehen wir, daß auch ein Esel in dem Stall wohnt. Beide lassen sich gern von uns streicheln.

Der Garten ist mit einem Maschendrahtzaun abgetrennt. Und das ist auch gut so, denn sonst würde den Bauern nicht viel von ihrem Gemüse und ihren Blumen bleiben.

Eine Ziege lugt hungrig über den Zaun, der aber so hoch ist, daß sie nicht hinüber kann. Ziegen haben nämlich einen gesunden Appetit. Daß sie auch Blumen fressen, konnten wir uns gar nicht vorstellen.

Als die Ziege aber den frischbepflanzten Blumentopf entdeckt, sehen wir, daß es wirklich stimmt.

Jetzt rufen uns Mutti und Papa. Wir sollen zum Abendbrot ins Haus kommen. Danach gehen wir müde ins Bett. Unser Zimmer liegt im ersten Stock neben dem Zimmer von Mutti und Papa. Hektor schläft in unserem Zimmer vor meinem Bett.

Obwohl wir so müde sind, dauert es einige Zeit, bis wir endlich eingeschlafen sind. Wir unterhalten uns noch lange über all das, was wir heute erlebt haben.

Am nächsten Morgen wachen wir ganz früh auf. Draußen kräht der Hahn. Schnell ziehen wir uns an und gehen leise hinunter in die Küche.

Dort ist die Bäuerin schon damit beschäftigt, das Frühstück vorzubereiten.

„Na, ihr beiden, seid ihr schon wach?“ begrüßt sie uns.

„Habt ihr Lust, mit mir in den Hühnerstall zu kommen?“

Natürlich haben wir das.

Die Bäuerin nimmt einen Korb, und zusammen gehen wir über den Hof zum Hühnerstall.

Sie öffnet die Tür und läßt die Hühner heraus. Sie laufen laut gackernd ins Freie. Nachts ist der Stall immer verschlossen, damit keine Ratten, Marder oder andere Räuber hineinkönnen, erzählt sie.

Habt ihr gewußt, daß Hühner nachts auf einer Stange sitzen und dabei schlafen können?

Also, ich könnte das nicht.

Die Bäuerin nimmt vorsichtig die Eier aus den Nestern und legt sie in den Korb.

„Stimmt es wirklich, daß die Hühner jeden Tag ein Ei legen?“ frage ich sie.

„Nein – aber fast jeden Tag. „Wußtet

ihr, daß unsere Hühner eigentlich aus dem indischen Dschungel kommen? Vor Tausenden von Jahren wurden sie von den Menschen, die dort lebten, gezähmt.

Erst viel, viel später wurden die Hühner von den Griechen zu uns nach Europa gebracht.“

Inzwischen haben sich alle am Frühstückstisch in der Küche versammelt. Hier steht noch ein richtiger Kachelofen. Eigentlich nur ein halber Ofen, der nicht nur die Küche, sondern auch das Wohnzimmer nebenan beheizt. Das Bauernhaus hat inzwischen eine Zentralheizung, aber an so richtig kalten Winterabenden wird er doch noch benutzt.

„Heute abend, wenn es dunkel geworden ist, gehen wir zum Osterfeuer", sagt der Bauer. „Da ist das halbe Dorf versammelt. Wenn ihr möchtet, könnt ihr gern mitkommen."

Ich erinnere mich, daß ich am Tag zuvor einen großen Haufen aus Ästen und abgesägten Baumstämmen gesehen habe.

„Genau das ist der Platz, wo wir heute abend hingehen. Schon seit Wochen bringen alle Leute aus dem Dorf ihr altes Holz und die alten Äste vom Baumschnitt dorthin. Das Osterfeuer ist eine gute Gelegenheit, altes Holz loszuwerden. Und für die Jugend ist es ein richtiges Fest. Außerdem machen sie sich einen Spaß daraus, den Holzhaufen im Nachbardorf schon vor Ostern anzuzünden. Deshalb wird er Tag und Nacht bewacht."

„Und wie war das früher?" frage ich.

„Ja, Anna, wo dieser Brauch herkommt, weiß heute keiner mehr genau. Daß es ein alter Brauch aus vorchristlicher Zeit ist, weiß man. Das Feuer war als Begrüßung für den Frühling nach dem langen, kalten Winter gedacht. Und sicherlich war es auch schon damals ein guter Grund für ein geselliges Beisammensein, bei dem sich das ganze Dorf traf."

Am Abend gehen wir dann alle zusammen zum Osterfeuer. Es ist wirklich ein riesiges Feuer, und wir müssen Abstand halten, damit uns nicht zu heiß wird. Tatsächlich hat sich das ganze Dorf dort versammelt. Es wird gegessen und getrunken. Es gibt Bratwürste und heiße Getränke. Die Männer von der freiwilligen Feuerwehr sind in ihren Uniformen gekommen. Sie passen auf, daß nichts passiert.

Am nächsten Tag heißt es für uns, Abschied zu nehmen. Mutti und Papa fragen uns, ob es uns gefallen hat. Eine überflüssige Frage, finden wir.

„Wie wär's, wenn wir in den Sommerferien wieder herkommen würden?" fragt Mutti. Wir sind begeistert.

„Ihr werdet euch wundern, wie es dann hier aussieht", sagt die Bäuerin.

Wir verabschieden uns, und Hektor verabschiedet sich von seinem neuen Freund, dem Hofhund. Er scheint etwas traurig zu sein, als er in unser Auto springt.
Er weiß ja nicht, daß wir bald wieder hier sein werden.

Sommer
auf dem Bauernhof

Die Sommerferien haben begonnen. Mutti, Papa, Benjamin und Hektor warten mit dem Wagen vor der Schule, und ich steige schnell ein. Als wir die Stadt hinter uns lassen, ist es grün. Überall auf den Feldern und Wiesen sprießt und blüht es.

Endlich fahren wir auf den Hof. Auch hier sieht alles verändert aus. Auf der Weide spielen kleine Kälber. Auch die Gänseschar schnattert wieder über den Hof.

Die Bauern begrüßen uns freundlich. „Ihr habt bestimmt Hunger", sagt die Bäuerin. „Kommt mit in den Garten, wir wollen etwas zum Essen holen."

Auf den Beeten wachsen die verschiedensten Gemüsesorten in Hülle und Fülle, die wir bei unserem Gemüsemann an der Ecke auch kaufen können. Die Pflanzen wachsen in Reihen, wie mit einer Schnur gezogen. „Das hat einen Grund", sagt die Bäuerin. „Um diese Zeit wächst nicht nur das Gemüse so schnell, daß ihr fast dabei zusehen könnt, sondern auch das Unkraut. Wenn ich den Boden zwischen

dem Gemüse nicht regelmäßig hakken würde, würde bald alles zuwuchern. Dabei ist es natürlich viel praktischer, wenn zwischen den Reihen und den einzelnen Pflanzen ein Abstand ist.“

Neugierig sehen wir uns die verschiedenen Pflanzen an. „Hier wachsen Karotten“, sagt die Bäuerin und zeigt auf ein Beet, aus dem gefiederte, grüne Blätter herausragen. „Bei unserem Gemüsemann sind die aber rot“, sagt Benjamin. „Bei uns auch“, sagt die Bäuerin lachend. „Zieh mal dran.“ Benjamin zieht, und eine richtige, rote Karotte kommt zum Vorschein.

Ziehhacke
Grabgabel
Spaten
Jätekralle
Pflanzschnur
Gießkanne
Pflanzholz
Pflanzkelle
Harke

Die Bäuerin erklärt: „Zwischen den Karotten wachsen Zwiebeln. Nicht nur wir Menschen mögen gern Gemüse, sondern auch viele Tiere. Aber auch die haben alle Lieblingsspeisen und andere, die sie überhaupt nicht mögen.

Es gibt kleine Insekten, deren Leibgericht sind Karotten, aber sie können den Geruch von Zwiebeln nicht ausstehen. Und bei anderen ist es genau umgekehrt. Deshalb werden bestimmte Gemüsesorten immer zusammen gepflanzt."

Überall um uns herum ist die Luft voll von kleinen fliegenden Insekten. Am schönsten finde ich die Schmetterlinge. Bei uns in der Stadt habe ich noch nie so viele verschiedene gesehen: bunte, gelbe und weiße. „Die weißen heißen Kohlweißlinge. Als Schmetterlinge mögen sie kein Gemüse, aber bevor sie Schmetterlinge geworden sind, waren sie gefräßige kleine Raupen, die sich durch die Kohlblätter gefressen haben. Auch die Salatköpfe haben ihre Liebhaber: Schnecken. Glücklicherweise ist es in der Natur so eingerichtet, daß es auch größere Tiere gibt, deren Lieblingsspeise Schnecken sind."

Wir stellen uns ein leckeres Menü zusammen: Karotten, Zwiebeln, Kartoffeln und Erbsen.

Die Kartoffeln wachsen unter der Erde. Immer mehrere nebeneinander an einer Pflanze. Wenn man sie ausgräbt, sehen sie fast aus wie unterirdische Vogelnester mit vielen braunen Eiern.

„Mögt ihr ein paar Erbsen pflücken?" fragt uns die Bäuerin. Erbsen kennen wir natürlich. Wir schauen uns um, können aber keine entdecken. Die Bäuerin bemerkt es und zeigt auf ein Geflecht von Drähten, die zwischen mehreren Holzpfählen gespannt sind. Dort ranken Pflanzen empor, an denen Bohnen wachsen. „Das sind keine Bohnen", sagt die Bäuerin. Wir pflücken einige der ‚Bohnen', und als wir sie öffnen, liegen darin viele kleine grüne Kugeln. „Probiert sie nur." Die Erbsen sind ganz weich und schmecken zuckersüß. Bei uns zuhause kommen sie aus der Tiefkühltruhe und müssen gekocht werden.

„Wie wär's mit Beeren zum Nachtisch?" fragt die Bäuerin. An Sträuchern zwischen den Beeten hängen leuchtende Beeren. Es gibt rote und weiße Johannisbeeren, aber auch schwarze. Die sind viel dicker und schmecken etwas bitter. Daneben wachsen die grünen Stachelbeeren.

Am liebsten mögen wir aber die süßen roten Himbeeren.

Als wir alles für einen leckeren Obstsalat zusammenhaben, helfen wir der Bäuerin, die Gartengeräte einzusammeln und in den kleinen Geräteschuppen zu bringen.

Dann gehen wir ins Haus.

Wir sitzen in der Küche und helfen der Bäuerin beim Gemüseputzen.

„Wo ist denn der Mülleimer?“ frage ich, weil ich nicht weiß, wohin mit den Abfällen. „Das kommt bei uns nicht in den Müll“, erwidert die Bäuerin. „Das verfüttern wir an die Hühner und die Schweine. Bei uns kommt nichts weg.“

„Einen Mülleimer brauchen wir eigentlich gar nicht. Die Essensabfälle bekommen die Haustiere, und was im Garten anfällt, das kommt auf den Kompost und wird wieder zu Erde. Dabei helfen viele kleine Lebewesen, Bakterien und größere Tiere. Am fleißigsten sind die Regenwürmer.“

Nach dem Essen wollen wir uns draußen umsehen. „Geht doch auf die Wiese. Dort gibt es eine Menge zu entdecken“, sagt Mutti.

Die Wiese sieht nicht so aus wie bei uns im Park, wo nur kurzgeschnittenes Gras wächst. Hier wachsen viele verschiedene Sorten von Gras, und zwar so hoch, daß wir darin Versteck spielen können.

Dazwischen wachsen viele verschiedene bunte Blumen: Löwenzahn, Gänseblümchen, Klee, Kornblumen und Mohn. Und überall um uns herum summt und brummt es. So viele verschiedene Insekten haben wir in der Stadt nie gesehen.

Besonders die Schmetterlinge haben es uns angetan. Benjamin läuft hinter ihnen her, und auch Hektor versucht, welche einzufangen.

Mir fällt ein, daß man aus Blumen schöne Kränze flechten kann.

Auf der Wiese wohnen auch größere Tiere. Hektor hat ein Kaninchen entdeckt, das aber sofort die Flucht ergreift. Es kann viel schneller laufen als der arme Hektor, der es mit seinen kurzen Beinen nicht einholen kann.

Abends erklärt uns der Bauer, daß am nächsten Tag das Heu gemacht werden solle. „Das Gras wird im Sommer geschnitten und getrocknet. Im Winter, wenn draußen nichts mehr wächst, dient es den Kühen und den Pferden dann als Nahrung. Früher haben wir es noch mit einer Sense geschnitten, das ist ein großes, halbmondförmiges Messer, das an einem Holzstiel befestigt ist und kunstvoll geschwungen werden mußte. Damals hatten wir aber auch mehr Leute auf dem Hof. Heute würde es viel zu lange dauern."

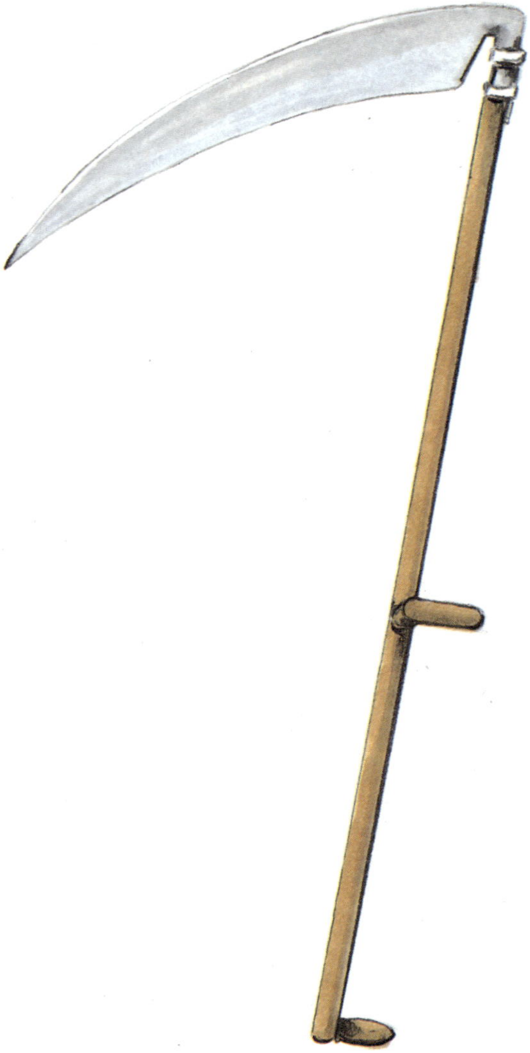

Wir begleiten den Bauern nach draußen, wo ein seltsames Fahrzeug mit riesigen Reifen steht. „Das ist unser Trecker. Den spannen wir vor die Mähmaschine. Steigt auf."

„Das Gras bleibt jetzt liegen, bis es trocken ist. Ab und an muß es gewendet werden. Früher haben wir das mit einer Heugabel gemacht, heute gibt es auch dafür eine Maschine. Das Heu muß ganz trocken sein, bevor es eingefahren werden kann, sonst verschimmelt es. Hoffen wir, daß wir Glück mit dem Wetter haben."

Wir alle dürfen eine Woche später mithelfen, das Heu einzufahren.

Der Bauer spannt eine andere Maschine vor seinen Trecker, die das trockene Gras aufsammelt und zu rechteckigen Ballen preßt.

Die Ballen werden auf einen großen offenen Anhänger geladen. Ein Mann steht dort und stapelt die Heuballen immer höher und höher.

Die Wagen mit dem Heu werden dann auf den Hof gefahren und vor dem Heuboden abgestellt. Ein Mann steht auf dem Heuboden und fängt die Ballen auf, die ihm vom Wagen aus zugeworfen werden.

Benjamin und ich gehen auf den Heuboden. Wir haben bald herausgefunden, daß dies ein wunderbarer Spielplatz ist. Wir klettern auf die gestapelten Heuballen und springen ins weiche Heu.

Der Heuboden ist nicht unbewohnt. Wir hören ein leises Geräusch. Als wir genau hinschauen, sehen wir eine Katzenfamilie, die hier ihren Lieblingsplatz hat und Mittagsschlaf hält.

Zur Kaffeezeit gibt es für uns frischgebackenes Brot mit Honig und ein Glas Milch dazu.

„Den Honig machen wir selber“, erklärt uns die Bäuerin. „Das heißt, eigentlich machen ihn die Bienen für uns.“

Die Bäuerin zeigt uns, wo die Bienenstöcke stehen.

Das sind keine Spazierstöcke, sondern große viereckige Kästen aus Holz oder runde geflochtene Körbe, in denen die Bienen leben.

Die Bienenstöcke stehen am Waldrand. Unten haben sie richtige Landeplattformen und ein kleines Loch zum Herausfliegen.

Wenn man den Deckel aufmacht, kann man die Kästen mit den Honigwaben herausholen. Die Waben mit dem Honig darin bestehen aus Wachs. Die Kästen werden in einer großen Schleuder ganz schnell herumgewirbelt. Dabei läuft der Honig aus den Bienenwaben heraus.

Aus dem Wachs kann man Kerzen machen. Der Bauer will uns das Kerzenziehen irgendwann einmal zeigen.

Jetzt müssen wir alle ganz ruhig stehen und leise sein. Der Bauer hat sich einen großen Hut mit einem dichten Schleier aufgesetzt und raucht eine Pfeife. Mit dem Pfeifenrauch verscheucht er die Bienen, um bei seiner Arbeit an den Bienenkörben nicht von ihnen gestochen zu werden. Wir stehen ein Stück hinter ihm.

Der Bauer erklärt uns: „Bienen sind friedliche Tiere und überhaupt nicht angriffslustig. Sie haben zwar einen Stachel, benutzen ihn aber nur zur Verteidigung, wenn sie sich angegriffen fühlen.

Sie können nur einmal in ihrem Leben stechen. Sie verlieren dabei ihren Stachel und sterben danach…“

In diesem Moment kommt Hektor laut jaulend angerannt. Er hat versucht, eine Biene zu jagen, und ist ihr dabei zu nahe gekommen. Sie hat sich gewehrt und ihn in die Nase gestochen.

Er ist ganz kleinlaut, und wir trösten ihn liebevoll.

Nach einiger Zeit beruhigt er sich langsam, und wir beschließen, alle zusammen zu den Kühen zu gehen.

Auf den Weiden in einiger Entfernung zum Hof stehen etliche schwarzweiße Kühe. Sie fressen Gras oder liegen da und kauen alles noch einmal, was sie gefressen haben.

Morgens und abends stehen sie am Zaun (dort ist auch der Wassertank zum Trinken) und warten auf den Bauern. Er kommt mit dem Tankwagen und der Melkmaschine zum Melken.

Die Bäuerin melkt zwei Kühe mit der Hand. Sie zeigt uns, wie das geht.

„Möchtest du es einmal versuchen, Anna?" fragt sie mich. Aber meine Hände sind zu klein

zum Melken. Kühe lassen sich nicht von jedem anfassen. Wenn sie ein Kalb haben, sind sie besonders ängstlich.

Benjamin und ich tragen die Milchkanne. Als wir auf dem Hof ankommen, gehen wir am Kuhstall vorbei. Dort sind die Kühe untergebracht, wenn es draußen kalt ist , und fressen das getrocknete Gras vom letzten Sommer. Bestimmt sind sie froh, daß es Sommer ist und sie draußen sein können.

Im Kuhstall bauen im Sommer viele Schwalben ihre Nester. Die Bäuerin sagt, daß das schon immer so gewesen sei.

Aber jetzt soll das verboten werden, weil die Schwalben nicht hygienisch seien. Dabei fressen sie unzählige Fliegen und andere Insekten, die viel unhygienischer sind.

Außerdem ist es ein alter Aberglaube, daß Schwalben im Stall dem Bauern Glück bringen.

Die frischgemolkene Milch ist warm und schaumig, als wir sie in eine Schüssel schütten.

Wir lassen sie eine Weile stehen und gehen spielen.

Als wir nach einiger Zeit wiederkommen, sehen wir, daß sich oben auf der Milch die Sahne abgesetzt hat. Mit einem flachen Löffel können wir sie abschöpfen.

Bei der Milch, die wir in der Stadt kaufen, geht das nicht.

Mit dem elektrischen Rührgerät machen wir aus der abgeschöpften Sahne Schlagsahne.

Einen Teil der Sahne rühren wir immer weiter. Sie wird immer fester und fester, und plötzlich haben wir richtige Butter. Die Bäuerin erklärt uns, daß die Flüssigkeit, die dabei überbleibt, Buttermilch ist.

Die Bäuerin nimmt den Butterkloß aus der Schüssel und wäscht sie auf einem Holzbrett mit viel Wasser, bis sie ganz fest geworden ist.

Dann formt sie eine schöne lange Rolle aus der selbstgemachten Butter und stellt sie in den Kühlschrank.

Milch, die nicht kühl steht, wird Dickmilch. Wir füllen Milch in kleine Schälchen und lassen sie über Nacht auf der Fensterbank stehen. Am nächsten Morgen bestreuen wir sie mit Zucker und Zimt und essen sie. Das schmeckt toll!

Die übriggebliebene Dickmilch schüttet die Bäuerin in einen Stoffbeutel und hängt ihn in die Speisekammer. Darunter stellt sie eine Schüssel, in die Flüssigkeit tropft. Die Masse, die in dem Beutel übrigbleibt, ist Quark.

Wenn man weiß, wie es funktioniert, kann man aus dem weichen Quark richtigen Käse machen. Die Bäuerin erzählt uns, daß man dazu Lab braucht. Lab ist ein Stoff, der die Milch gerinnen läßt. Den Käse muß man an einem sicheren Platz aufbewahren, damit die Mäuse ihn nicht entdecken.

All das hat uns die Bäuerin nur gezeigt, weil wir zu Besuch sind. Sonst werden Sahne, Butter, Quark, Joghurt und Käse in einer Molkerei hergestellt.

Eine Molkerei ist ein großer Betrieb, wo die Milch von vielen Bauernhöfen gesammelt und verarbeitet wird. Ganz früh morgens stellen die Bauern die großen Milchkannen an den Straßenrand, wo die Molkereiwagen sie abholen.

Die fertigen Produkte werden dann überall hingeliefert. Das muß alles sehr schnell gehen, weil die meisten Milchprodukte sich nicht lange frischhalten.

Herbst

auf dem Bauernhof

Jetzt kennen wir den Bauernhof im Frühling und im Sommer. Der Sommer ist schnell vergangen, und nun ist es Herbst. Wir wollen am Wochenende aufs Land fahren. Am Sonntag wird dort das Erntedankfest gefeiert.

Papa sagt, jetzt sei die beste Zeit, um Drachen steigen zu lassen. Deshalb nehmen wir einen Drachen mit, den wir auf den abgeernteten Stoppelackern steigen lassen wollen.

Wir fahren auf den gleichen Straßen wie sonst auch. Aber wieder hat sich die Landschaft verändert.

Wo es im Sommer grün war, sehen wir jetzt nur noch Erde. Die Kornfelder sind abgeerntet. Nur die kurzen Stoppeln ragen aus der Erde hervor.

Die Bäume am Straßenrand und in den Wäldern sind nicht mehr so grün wie noch im Sommer. Das Laub hat sich bunt verfärbt. So viele verschiedene leuchtende Farben gibt es in keinem Malkasten.

Papa schlägt vor, eine kurze Pause zu machen. Wir fahren auf einen kleinen Parkplatz am Waldrand und steigen alle aus.

Viele Blätter sind schon von den Bäumen heruntergefallen und bilden auf dem Boden einen kunterbunten Teppich.

Unter den Bäumen liegen rotglänzende Kastanien, hellbraune Eicheln und viele Bucheckern.

Mutti erklärt uns, daß es jetzt Zeit sei für viele Tiere, sich von diesen Früchten ihren Wintervorrat anzulegen.

Plötzlich hören wir lautes Geschimpfe aus den Baumwipfeln. Als wir neugierig nach oben blicken, entdecken wir drei Eichhörnchen, die in den Baumkronen herumtoben und einen Eichelhäher aufschrecken.

An den Sträuchern hängen reife Hagebutten und Brombeeren. Darunter wachsen Pilze. Papa erklärt uns, daß wir sie nicht anfassen dürfen, weil manche von ihnen giftig sind, wie zum Beispiel der wunderschöne Fliegenpilz mit seinem weißgepunkteten roten Hut. Es gibt aber auch viele Pilze, die man essen kann. Aber die muß man ganz genau kennen, wenn man sie pflückt.

Wir haben genug gesehen und wollen jetzt unbedingt weiterfahren. Aber wo ist Hektor geblieben? Wir rufen und pfeifen, und endlich kommt er langsam angetrottet. Er hat keine Lust, wieder in das Auto zu steigen, aber Papa hebt ihn hoch und setzt ihn Benjamin auf den Schoß. Nun kann die Fahrt losgehen.

An einem Feldrand sehen wir einen Trekker mit einem großen Anhänger. Auf dem Anhänger liegen unförmige dunkelbraune Früchte.

Mutti erklärt uns, das seien Futterrüben. Diese Rüben werden jetzt im Herbst geerntet und dann auf dem Bauernhof gelagert.

Im Winter, wenn es draußen kein frisches Futter mehr gibt, werden die Rüben an die Tiere verfüttert.

Als wir auf dem Bauernhof ankommen, gehen wir nach der Begrüßung gleich in den Garten.

Dort erwartet uns ein überraschender Anblick. Auf dem Boden liegen riesengroße gelbe Kugeln. „Das sind Kürbisse", erklärt uns die Bäuerin. Einige Kürbisse sind so schwer, daß wir sie nicht anheben können.

Auch Hektor sieht die großen „Bälle" ganz verdutzt an.

An den Obstbäumen hängen jetzt Äpfel, Birnen und Quitten. Aus den Quitten läßt sich Gelee kochen.

Im Garten gibt es viel zu tun. Jetzt werden Winterkartoffeln und Rote Beete geerntet.

Die Gemüsebeete müssen für den Winter vorbereitet werden.

Viele der Pflanzen, die im Frühling wachsen sollen, müssen im Herbst gesät oder angepflanzt werden, zum Beispiel Winter- und Frühkohl, dicke Bohnen und Frühlingszwiebeln.

Auch im Obstgarten gibt es im Herbst besonders viel zu tun, obwohl die Bäume schon völlig kahl aussehen.

Damit die Beerensträucher und Obstbäume im nächsten Jahr wieder viele Früchte tragen, müssen sie jetzt ausgelichtet werden.

Das bedeutet, daß der Bauer abgestorbene Äste und Zweige herausschneidet. Außerdem entfernt er viele neue Triebe, damit die Kronen und Sträucher nicht zu dicht werden.

Im Herbst werden auch neue Sträucher und Bäume gepflanzt.

Diese Pflanzen können dann im Herbst und im Winter in Ruhe anwachsen und tragen im nächsten Sommer bereits erste Früchte.

Am Sonntagmorgen begleiten wir den Bauern und die Bäuerin in die Kirche. Dort findet der feierliche Erntedankgottesdienst statt.

Weil das ein ganz besonderes Fest ist, fahren wir mit der kleinen Kutsche, vor die der Bauer sein Pferd gespannt hat.

Der Bauer hat die Kutsche und das Pferd festlich geschmückt.

Als wir vor der Kirche vorfahren, haben sich dort schon viele Menschen versammelt, um für die gute Ernte zu danken.

Die Kirchenbesucher sind festlich gekleidet. Einige haben sogar ihre Tracht angezogen.

Auch die Kirche ist geschmückt mit leuchtenden Herbstblumen, mit Feld- und Gartenfrüchten und Kornähren.

„Schade, daß ihr bei der Getreideernte nicht dabei sein konntet", sagt die Bäuerin, als wir die Kirche wieder verlassen.

Als wir alle wieder in der Kutsche sitzen, beginnt sie zu erzählen.

„Ihr wißt bestimmt, daß Korn immer zu den wichtigsten Nahrungsmitteln der Menschen gehört hat.

Vor vielen tausend Jahren haben unsere Vorfahren entdeckt, daß man die Samen bestimmter Grassorten essen konnte.

Vorher lebten sie von der Jagd und von wilden Früchten, die sie sammelten, wenn sie gerade welche fanden. Deshalb waren sie ständig auf Wanderschaft. Im Winter mußten sie oft hungern. Als sie das Korn entdeckten, wurden sie nach und nach seßhaft. Sie aßen nicht alle Körner auf, die sie ernteten, sondern hoben einige auf, um sie im Frühjahr wieder auszusäen. Auf diese Weise konnten sie jedes Jahr Korn ernten."

„Korn ist auch nicht gleich Korn. Es gibt viele verschiedene Kornarten, aus denen auch die verschiedensten Nahrungsmittel hergestellt werden. Weizen kennt ihr bestimmt alle, weil daraus Brot, Brötchen und Kuchen gemacht werden. Wenn man Haferkörner zerquetscht, werden daraus Haferflocken. Gerste braucht man, um daraus Bier zu brauen.

Und aus Hirse kann man einen wunderbaren Brei machen. Ihr kennt bestimmt das Märchen vom Schlaraffenland. Um hineinzukommen, muß man sich durch eine Mauer aus Hirsebrei durchessen."

Hafer
Hirse
Gerste
Roggen
Weizen
Mais

„Aber vom Korn bis zum Brot ist es ein weiter Weg. Wenn das Korn ganz jung ist, ist es noch grün, und das Kornfeld sieht kaum anders aus als eine saftige Wiese.

Die Halme werden immer größer, und wenn im Sommer dann die Sonne tüchtig scheint, werden sie gelb und sehen aus wie Gold.

Die Körner in den Ähren werden immer dicker, bis sie im Spätsommer geerntet werden können."

„Früher hat man die Halme mit einer Sense oder einer Sichel geschnitten und zu Garben zusammengebunden.

Die hat man dann auf dem Feld zusammengestellt und trocknen lassen. Danach wurde das Getreide auf den Hof gebracht.

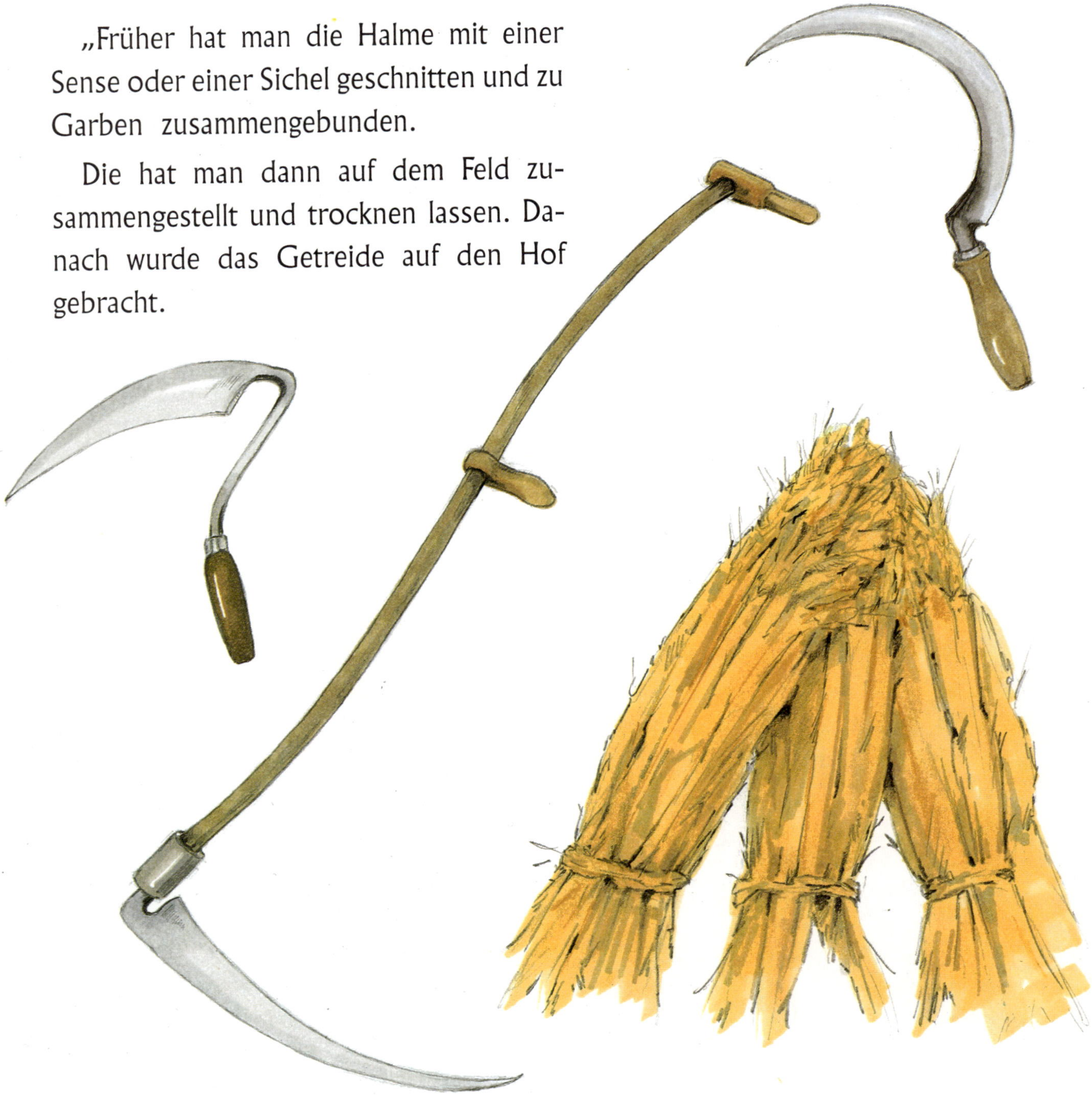

Auf dem Dreschplatz wurden die Körner aus den Ähren herausgeschlagen. Dazu benutzte man einen Dreschflegel.

Das war ein spezielles Werkzeug, das aus zwei unterschiedlich langen Holzstücken bestand, die mit einer Kette verbunden waren. Nach dem Dreschen trennte man Spreu und Korn.“

„Dazu brauchte man sehr viele Leute. Heute arbeiten immer weniger Menschen auf den Bauernhöfen, darum läßt man die Arbeit von einer Maschine machen, einem Mähdrescher. Das ist ein Gerät, mit dem man das Korn gleichzeitig ernten und dreschen kann. Das Stroh – so nennt man die übriggebliebenen, trockenen Getreidehalme – wird damit gleich zu Ballen gepreßt.

Mit dem Stroh kann man eine Menge machen. Man braucht es, damit die Tiere es im Stall recht gemütlich haben. Früher haben es sich die Menschen selbst damit gemütlich gemacht und ihre Matratzen mit Stroh gefüllt.

Und in dem Märchen vom Rumpelstilzchen hat die Bauerstochter sogar Gold daraus gesponnen. Das klappt heute leider nicht mehr."

„Aber zum Backen kann man die ganzen Körner natürlich nicht nehmen. Sie müssen erst zu Mehl gemahlen werden.

Wenn man nicht allzuviel Mehl braucht, kann man die Körner einfach zwischen zwei großen Steinen zerreiben, wie unsere Vorfahren es vor langer Zeit gemacht haben.

Einfacher ist es natürlich, wenn man eine Mühle hat. Es gibt kleine Mühlen, die man mit der Hand drehen kann."

„Aber für große Mengen Korn braucht man eine große Mühle, die man auch nicht mehr mit der Hand bewegen kann.

Das läßt man andere machen. Wenn man in einer windigen Gegend wohnt – wie z.B. in Holland –, kann die Mühle mit Windkraft betrieben werden.

Wenn man an einem reißenden Fluß wohnt, kann man die Kraft des Wassers nutzen, um die Mühlräder anzutreiben.

Solche Mühlen sind heutzutage allerdings kaum noch in Betrieb. Man mahlt das Getreide mit großen Maschinen, die elektrisch angetrieben werden.

Wenn ihr mal eine Windmühle oder eine Wassermühle sehen möchtet, müßt ihr mit euren Eltern in ein Museumsdorf fahren."

„Das wichtigste Nahrungsmittel, das wir aus Getreide machen, ist natürlich das Brot. Eigentlich kann man aus jedem Korn Brot machen, aber bei uns nimmt man seit Jahrhunderten hauptsächlich Weizen und Roggen oder mischt verschiedene Mehlsorten.

Früher gab es auf den Bauernhöfen Backhäuser, in denen die Bäuerinnen von den verschiedenen Höfen einmal in der Woche gemeinsam ihren Brotvorrat für die ganze Woche backten. Damals benutzte man Steinbacköfen, die mit Holz beheizt wurden. Damals ging man sparsam mit allen Dingen um, so auch mit Energie, die nicht einfach aus der Steckdose kam."

„Wenn ihr Lust habt, können wir ja gemeinsam Brot backen", sagte die Bäuerin.

Wir gehen in die Küche, wo die Bäuerin Mehl aus dem Schrank nimmt. „Außer Mehl brauchen wir noch Wasser, Salz und Hefe, damit der Teig aufgehen kann und locker wird."

Nachdem wir die Hefe vorsichtig in warmer Milch aufgelöst haben, vermischen wir die Zutaten nach und nach in einer Schüssel. Ich darf der Bäuerin beim Rühren helfen.

Die Schüssel bedecken wir mit einem Tuch und lassen den Teig stehen. Es dauert gar nicht lange, und der Teig ist doppelt so groß wie vorher.

Die Bäuerin hat Mehl auf den Tisch gestreut. Darauf legen wir den Teig, und ich knete ihn zu einem Klumpen.

Der Teig ist so klebrig, daß ich ihn immer wieder mit etwas Mehl bestäuben muß, damit er nicht an meinen Händen kleben bleibt.

Die Bäuerin hat inzwischen eine große Kasten-Backform aus dem Schrank geholt und mit Butter eingefettet.

Dann füllt sie den Teig vorsichtig in die Form. Inzwischen hat sie den Backofen auf die richtige Temperatur vorgeheizt und schiebt das Brot hinein.

Schon nach kurzer Zeit verbreitet sich in der Küche ein herrlicher Duft.

Auch Hektor wird davon angelockt und stürmt neugierig herein.

Nach etwa einer dreiviertel Stunde ist das Brot endlich fertig. Vorsichtig nimmt die Bäuerin die Backform aus dem Ofen. In der Küche riecht es wie in einer Bäckerei.

Nachdem das Brot ein bißchen abgekühlt ist, schneidet die Bäuerin einige Scheiben für uns ab. So frisches Brot haben wir noch nie gegessen.

Später spielen Benjamin, Hektor und ich auf dem Hof. Benjamin ruft mir zu: „Komm, Anna, laß uns das Pferd begrüßen!“ Über das Holzgatter schaut uns ein großes Pferd neugierig an.

„Das ist Oskar“, sagt der Bauer. „Es ist noch gar nicht lange her, da waren Pferde das, was heute der Traktor für einen Bauern ist. Solche Pferde wie Oskar wurden vor den Pflug gespannt, oder sie zogen die Wagen, mit denen die Ernte eingebracht wurde.“

„Ich würde gerne einmal reiten", sagte Benjamin etwas schüchtern. „Aber lieber auf einem kleineren Pferd."

Das kann ich gut verstehen, denn neben diesem riesigen Pferd wirkt er doch etwas verloren.

„Dann mußt du auf einem Pony reiten", sagt der Bauer. „Leider haben wir keine Ponies auf unserem Hof. Aber nicht weit von hier gibt es einen Ponyhof. Vielleicht gehen eure Eltern ja mit euch dahin."

Das lassen wir uns nicht zweimal sagen.

Mutti und Papa sitzen mit der Bäuerin in der Küche und trinken gerade Kaffee, als wir hereinplatzen.

„Dürfen wir auf dem Ponyhof reiten lernen? Bitte!"

Mutti und Papa sind in der richtigen Stimmung. „Wir wollten sowieso gerade einen Spaziergang machen. Warum nicht zum Ponyhof."

Wir machen uns gleich auf den Weg, der zwischen den Feldern hindurchführt.

„Schaut mal, da vorne!" rufe ich. Wir sehen eine Gruppe von Kindern, die auf Ponies über die abgeernteten Stoppelfelder galoppieren.

„Das möchte ich auch gern einmal."

„Das ist viel zu gefährlich für dich", sagt Mutti zu mir. „Bis du so gut reiten kannst, dauert es eine ganze Zeit."

Auf dem Ponyhof angekommen, werden wir von einem großen Mädchen, das Marie heißt, begrüßt. Sie fragt uns, ob wir reiten lernen möchten.

Als wir begeistert zustimmen, sagt sie, wir sollen uns passende Reitstiefel und Kappen im Schuppen aussuchen.

Während wir uns anziehen, holt sie ein Pony von der Weide.

„Das ist jetzt dein Pony, Anna“, sagt Marie zu mir. „Es heißt Strupper, wegen seiner struppigen Mähne. Aber bevor wir losreiten, erzähle ich euch erst etwas über Ponies. Kommt mal mit rüber zu den anderen Kindern da drüben.“

Wir stellen uns in einem Kreis um Marie auf, und sie erklärt uns, wie Ponies leben, wo sie herkommen und wie sie gepflegt werden.

Unsere Ponies kommen von den Shetland-Inseln und heißen deshalb Shetland-Ponies. Sie sind an rauhes und nasses Wetter gewöhnt und leben eigentlich immer im Freien.

Dann darf ich Struppers Fell striegeln. Benjamin schaut mir neidisch zu.

Endlich geht es los, und wir dürfen auf die Ponies steigen. Benjamin bekommt das kleinste Pony auf dem Hof. Es ist weiß und heißt Krümel.

Nachdem uns Marie erklärt hat, wie man richtig in den Sattel steigt, fangen wir an, im Kreis um sie herumzureiten. Reiten ist gar nicht so einfach, wie ich es mir vorgestellt hatte. Obwohl die Ponies nur im Schritt gehen, habe ich Mühe, nicht herunterzufallen. Aber nach einiger Zeit geht es besser, und ich habe mich an mein Pony gewöhnt.

Ich schaue mich nach Benjamin um. Er macht einen sehr konzentrierten Eindruck und gibt sich Mühe, alles richtig zu machen. Marie lobt uns, wie gut wir schon auf den Ponies reiten können, und wir sind sehr stolz.

Während wir weiter im Kreis herumreiten, stelle ich mir vor, wie es wohl wäre, eine berühmte Dressurreiterin zu sein.

Vor kurzem gab es im Fernsehen einen Bericht von einem großen Reitturnier. Am besten gefielen mir dabei die Dressurreiterinnen mit ihren wunderschönen Pferden und ihrer eleganten Kleidung.

Wenn ich richtig reiten gelernt habe, will ich auf jeden Fall ein eigenes Pferd haben. Wir müssen dann natürlich aufs Land ziehen, und ich hoffe, Papa und Mutti sind damit einverstanden.

Plötzlich höre ich hinter mir lautes Geschrei. Das klingt nach Benjamin!

Als ich mich umdrehe, sehe ich gerade noch, wie Krümel, fröhlich mit den Hinterhufen ausschlagend, davongaloppiert.

Und wo ist Benjamin? Er sitzt laut brüllend auf seinem Hosenboden mitten in der Reitbahn.

Marie läuft laut schimpfend hinter Krümel her und fängt das Pony ein.

„Es wirft sonst nie einen Reiter ab“, erklärt sie uns. „Es ist bestimmt von irgend etwas erschreckt worden. Los, Benjamin, steig gleich wieder auf.“

Erst will Benjamin nicht so recht. Aber nachdem wir ihm alle gut zugeredet haben und er sieht, daß Krümel ganz friedlich dasteht, steigt er doch wieder in den Sattel.

Später erzählt Benjamin mir, daß er sich beim Reiten vorgestellt hat, ein wilder Cowboy zu sein.

Aus Krümel war in seiner Phantasie ein feuriger schwarzer Rappe geworden. Die beiden haben zusammen viele spannende Abenteuer erlebt.

Gerade als er seine große Herde gegen wilde Viehdiebe verteidigen wollte, hat Krümel ihn abgeworfen. Bestimmt hat er ihm aus Versehen die Sporen gegeben…

Zum Glück ist ihm bei seinem Sturz nichts passiert.

Viel zu schnell ist unsere erste Reitstunde vorbeigegangen. Nachdem wir von unseren Ponies abgestiegen sind, dürfen Krümel und Strupper zurück auf ihre Koppel.

Vorher müssen wir ihnen noch die Sättel und das Zaumzeug abnehmen und in den Schuppen bringen.

Dann schauen wir noch nach, ob sie sich nicht vielleicht einen Stein in ihren Huf getreten haben.

Schweren Herzens verabschieden wir uns von Krümel und Strupper. Jeder bekommt zur Belohnung einen Apfel.

Wir versprechen Marie, daß wir sobald wie möglich wiederkommen wollen, um richtig reiten zu lernen.

Als Mutti, Papa und Hektor von ihrem Spaziergang zurückkommen, um uns abzuholen, erzählen wir ihnen, wie toll wir geritten sind, und daß wir unbedingt bald wieder herkommen wollen.

Papa und Mutti sehen sich an, zwinkern sich zu und versprechen es uns.

Winter
auf dem Bauernhof

Die Zeit ist wie im Fluge vergangen, und nun steht Weihnachten vor der Tür. Benjamin und ich sind schon sehr aufgeregt. Wir haben beide ganz lange Wunschzettel geschrieben. Nachmittags basteln wir oft zusammen mit Mutti Geschenke und Schmuck für den Weihnachtsbaum.

„Wir brauchen bald einen Weihnachtsbaum", sagt Mutti. Und Papa erinnert sich, daß es auf unserem Bauernhof auch ein kleines Wäldchen mit Tannenbäumen gibt. Der Bauer hat uns erzählt, daß er diese Bäume zur Weihnachtszeit verkaufen will.

Deshalb beschließen wir, am nächsten Wochenende dorthin zu fahren.

Am Sonnabend morgen fahren Papa, Benjamin und ich zusammen los. Hektor nehmen wir auch mit.

Mutti bleibt zuhause, weil sie mit Weihnachtsvorbereitungen beschäftigt ist.

Es ist sehr kalt, und der Boden ist gefroren. Es liegt zwar kein Schnee, aber der Dorfteich ist zugefroren.

Im Vorbeifahren sehen wir viele Kinder, die dort Schlittschuh laufen und Eishockey spielen.

Wir möchten am liebsten mitspielen, aber leider haben wir unsere Schlittschuhe zuhause vergessen.

Als wir auf den vertrauten Hof fahren, parken dort schon andere Autos, und es herrscht ein reges Treiben.

Irgend etwas hat sich seit dem letzten Herbst verändert. Wir steigen aus und sehen ein Schild am Schweinestall mit der Aufschrift: Weihnachtsmarkt.

Als wir hineingehen, sehen wir die Bäuerin, die hinter einem einfachen Holztresen steht. Vor dem Tresen stehen Kisten, Körbe und Säcke mit Kartoffeln, Karotten und Birnen. Außerdem steht ein Korb mit Eiern neben der Bäuerin.

Die Bäuerin erkennt uns sofort. Sie hat aber im Moment keine Zeit, sich um uns zu kümmern.

Glücklicherweise kommt der Bauer gerade herein und begrüßt uns.

Er erzählt uns, daß sie einen Teil des Schweinestalls umgebaut haben, um dort einen kleinen Laden einzurichten. Viele Städter kommen am Wochenende aufs Land, um direkt auf dem Bauernhof einzukaufen. Sie wollen gern genau wissen, woher die Lebensmittel kommen, die sie essen.

Zur Weihnachtszeit verkaufen sie außerdem Weihnachtsbäume und Tannenzweige.

Er führt uns durch den Laden. Auf dem Boden stehen Kisten mit Äpfeln und Birnen, mit Karotten und Kartoffeln, Rettichen, Lauch und Kohl. „Im Winter haben wir nicht so ein großes Angebot, weil draußen kaum noch etwas wächst“, erklärt uns der Bauer.

„Aber die Äpfel sehen ganz frisch aus, und die Birnen auch“, sagt Benjamin.

„Alle Obst- und Gemüsesorten, die du hier siehst, sind haltbar, wenn man sie richtig lagert.“

„Die Äpfel und Birnen werden so spät wie möglich geerntet. Dann werden sie vorsichtig in Körbe gelegt und in einem dunklen, gut gelüfteten Raum eingelagert. Dort darf es nicht zu warm sein, höchsten zwei bis vier Grad.

Wenn man gut darauf geachtet hat, daß keine wurmstichigen oder verletzten Früchte dabei waren, bleibt das Obst bis zum Frühjahr frisch.

Es gibt aber noch andere Methoden, wie man Obst konservieren kann. Man kann es zum Beispiel trocknen. Ihr kennt bestimmt getrocknete Pflaumen oder Apfelringe.

Aus Äpfeln kann man Apfelmus kochen und es in Gläsern aufbewahren oder einfrieren."

Dann zeigt er uns die Regale, auf denen Einmachgläser mit Marmelade stehen.

„Wißt ihr noch, bei der Beerenernte habt ihr mitgeholfen. Das ist schon eine ganze Weile her. Und wenn meine Frau die Erdbeeren, Brombeeren, Stachelbeeren und Johannisbeeren damals nicht zu Marmelade eingekocht hätte, wären sie längst verdorben.

Für die Marmelade werden die Früchte zuerst gründlich gewaschen und kleingeschnitten.

Danach werden sie mit Zucker zusammen gekocht und ganz heiß in saubere Gläser gefüllt.

Die Gläser muß man sofort gut verschließen.

Die Marmelade hält sich auf diese Weise mehrere Jahre. So lange stehen die Gläser allerdings nie im Regal, weil die selbstgekochte Marmelade viel zu lecker schmeckt."

Wir beschließen, von jeder Sorte ein Glas mit nach Hause zu nehmen, um Mutti damit zu überraschen.

„Schaut euch die Zwiebeln an."

In einer Kiste liegen Zwiebeln, die zu einem Zopf zusammengebunden sind.

„Die Zwiebeln werden nach der Ernte an der Luft getrocknet und anschließend zu langen Zöpfen geflochten, die dann an einem kühlen, luftigen Ort aufgehängt werden. Dort darf es auch nicht zu hell sein, sonst fangen die Zwiebeln an zu keimen."

Wir erzählen ihm, daß wir uns einen Weihnachtsbaum aussuchen wollen. „Dann laßt uns gehen“, sagt der Bauer. Auf dem Hof kommen wir an einem Sandhaufen vorbei.

„Wozu ist der denn da?“ frage ich.

„Das ist eine Miete“, erklärt mir der Bauer. „Das hat nichts mit Wohnungsmieten zu tun. Er bückt sich, schiebt mit der Hand etwas Sand beiseite und zaubert eine Karotte hervor.

„Auf diese Weise haben schon meine Großeltern ihre Karotten, Rote Beete, schwarze Rettiche und Kartoffeln eingelagert. Und wir machen das noch immer so.“

Wir gehen alle zusammen in den Schuppen, wo der Bauer sein Werkzeug aufbewahrt.

Er nimmt eine Axt herunter, die dort an der Wand hängt. Dann folgen wir dem Bauern, der über den Hof in Richtung auf den Waldrand zugeht.

Benjamin und ich haben kalte Finger. Wir haben unsere Hände tief in den Taschen unserer dicken Winterjacken vergraben. Papa trägt Benjamins Teddy.

Vorbei geht es an den Weiden, auf denen jetzt keine Tiere mehr stehen.

„Die Kühe und die Pferde sind im Winter in den warmen Ställen", erzählt uns der Bauer.

„Wenn ihr wollt, könnt ihr sie nachher ja besuchen."

Darauf freuen wir uns schon sehr.

Die Tannenbäume stehen in einem Wäldchen am Rande eines Feldes, auf dem Rosenkohl wächst. Wir wundern uns, daß er noch nicht geerntet ist.

„Der Rosenkohl wird immer erst nach dem ersten Frost gepflückt", erklärt der Bauer.

„Vorher würde er noch gar nicht schmekken. Erst durch den Frost bekommt er seinen besonderen Geschmack."

Wir betreten das kleine Tannenwäldchen.

„Dann sucht euch mal den schönsten Baum aus", sagt der Bauer. Papa schaut uns auffordernd an.

Benjamin und ich sehen uns alle Bäume ganz genau an. Lange können wir uns nicht entscheiden. Aber schließlich finden wir eine Tanne, die ganz gerade gewachsen ist. „Papa, die wollen wir haben!"

Aber Papa hört uns gar nicht zu. Er unterhält sich gerade angeregt mit dem Bauern.

Leider können wir nichts verstehen. Deshalb laufen wir zu den beiden hin. Nun hören wir, daß die beiden sich über das Wetter unterhalten.

Der Bauer sieht zum Himmel und sagt: „Es sieht so aus, als wenn wir heute noch Schnee bekommen würden."

Alle zusammen gehen wir zu dem Baum, den wir uns ausgesucht haben. Der Bauer erlaubt Benjamin, seine Axt zu tragen.

„Darf ich den Tannenbaum fällen?“ fragt Benjamin, obwohl er die Axt kaum alleine hochheben kann.

„Nein, das ist viel zu gefährlich für dich“, sagt Papa, und der Bauer nickt zustimmend mit dem Kopf.

Der Bauer nimmt die Axt und bittet uns, vorsichtshalber ein paar Meter zurückzugehen.

Wir schauen gespannt zu, wie der Bauer mit der Axt weit ausholt und unseren Baum mit wenigen Schlägen fällt.

Ein Vogel, der auf der Tannenbaumspitze gesessen hatte, fliegt empört zwitschernd davon.

„Ihr habt bestimmt keine Handschuhe dabei“, sagt der Bauer.

Verdutzt sehen wir ihn an. “Fühlt mal, wie rauh und pieksig der Stamm ist“, sagt er.

Dann nimmt er den Baum in die eine Hand und die Axt in die andere.

Als wir uns auf den Heimweg machen, sagt der Bauer noch einmal: „Ich wette, es gibt bald Schnee.“

Benjamin bekommt ganz glänzende Augen, als er das hört.

Er ist ja noch ziemlich klein, und in den letzten Jahren hatten wir kaum einmal richtigen Schnee.

Er kennt Schlittenfahren und Schneemannbauen nur aus seinen Bilderbüchern und aus den Geschichten, die ich ihm erzählt habe.

Und tatsächlich, als wir auf dem Rückweg zum Hof sind, fängt es an zu schneien. Wie der Bauer vorausgesagt hat, fallen Schneeflocken vom Himmel. Erst wenige, dann immer mehr. Bald schneit es so heftig, daß uns der Schnee nach kurzer Zeit bis an die Knöchel reicht.

Uns ist inzwischen ziemlich kalt geworden. Als wir wieder auf dem Hof sind, gehen wir deshalb gleich in den warmen Stall, um uns aufzuwärmen. Zuerst besuchen wir die Kühe, und dann gehen wir zu den Pferden.

Als wir aufgewärmt aus dem Pferdestall wieder auf dem Hof kommen, sind wir ganz erstaunt, wieviel Schnee inzwischen gefallen ist. Vor allem Benjamin ist völlig verblüfft.

„Komm, laß uns einen Schneemann bauen", sage ich zu ihm. „Geh erstmal in den Laden und hol uns eine Karotte. Außerdem brauchen wir noch einen Reisigbesen und ein paar Kohlestücke."

Als er alles besorgt hat, bauen wir zusammen einen schönen großen Schneemann. Er ist beinahe größer als ich. Zum Schluß setzt ihm Benjamin noch seine Mütze auf den Kopf.

Die Zeit vergeht viel zu schnell, und Papa ruft uns hinein in die Küche.

Als wir in die Küche kommen, sitzen Papa und die Bauern am Tisch, trinken Kaffee und essen Kekse. Hungrig stürzen wir uns auf die Reste. Die Bäuerin holt einen Krug mit heißem Kakao vom Herd.

„Was gibt es denn Weihnachten bei euch zu essen?" fragt sie uns. „Wenn ihr mögt, geben wir euch einen fetten Karpfen mit. Wir haben immer Karpfen in unserem Teich. Und in der Adventszeit wird der Teich leergefischt."

Als wir nicht widersprechen, deutet der Bauer auf eine Regentonne, die unter dem hervorstehenden Schuppendach steht.

Als wir hinausgehen, sehen wir, daß sie mit Wasser gefüllt ist, in dem einige große Fische schwimmen.

„Sucht euch einen aus“, sagt der Bauer. „Ich hole schon einmal einen Eimer mit Deckel. Da könnt ihr ihn hineintun.“

Der Bauer kommt mit einem Eimer und einem Kescher zurück. Benjamin zeigt auf einen besonders großen Fisch. Der Bauer füllt Wasser in den Eimer. Dann fängt er den Karpfen mit dem Kescher ein und läßt ihn vorsichtig in den Eimer gleiten.

Der Karpfen zappelt aufgeregt in dem Eimer herum. Damit er nicht herausspringen kann, verschließt der Bauer den Eimer schnell mit dem Deckel.

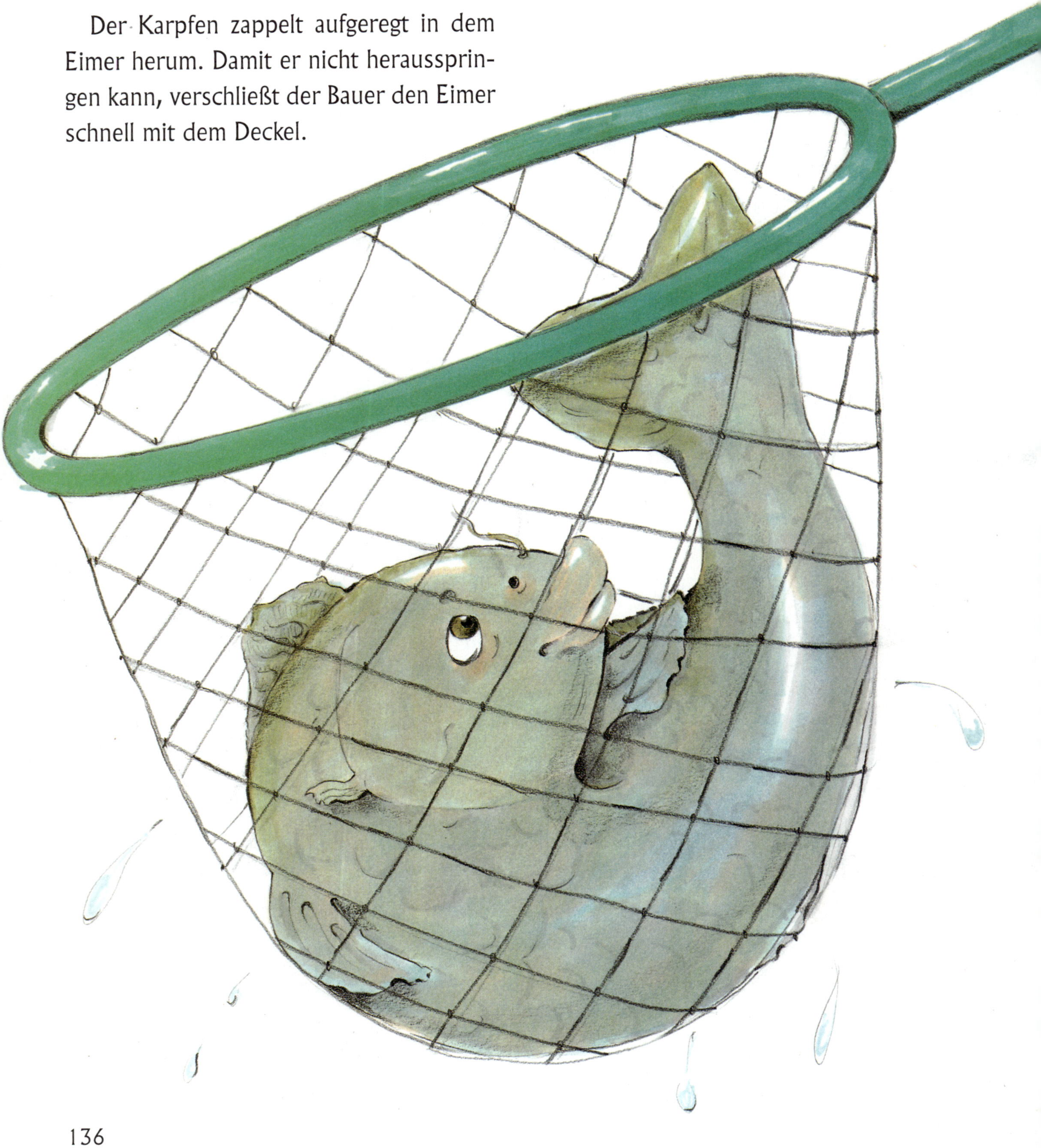

Da es schon dunkel wird, wollen wir nach Hause fahren. Papa verstaut den Tannenbaum auf unserem Auto. Der Eimer mit dem Karpfen kommt in den Kofferraum.

Bevor wir losfahren, gehen wir in die Küche, wo die Bäuerin uns erwartet. Sie gibt uns ein Paket mit selbstgebackenen Weihnachtskeksen. Wir bedanken uns und verabschieden uns von den beiden.

Zuhause angekommen, setzen wir uns an den Abendbrottisch, den Mutti schon gedeckt hat. Es ist fast so wie vor einem Jahr, als wir beschlossen hatten, im Frühjahr aufs Land zu fahren.

Benjamin wird sich wahrscheinlich sehr freuen. Weihnachten werden wir wohl nicht baden können. In der Badewanne schwimmt nämlich der Karpfen, den uns die Bauern geschenkt haben.

Wir haben uns inzwischen so an ihn gewöhnt, daß Benjamin ihm sogar einen Namen gegeben hat. Der Fisch heißt Fritz.

Zu Weihnachten gibt es bei uns jedenfalls keinen Karpfen.

„Ich glaube, wir müssen vor Weihnachten noch einmal aufs Land fahren und den Karpfen zurückbringen", sagt Mutti.

Damit sind wir sehr einverstanden.